선비 士

윤사순 시집(2집)

선비

유림플러스

| 앞말 |

이 년 전 '일 년만 하기'라는 한시적 시도임을 전제로 나는 '시 쓰기'의 모험을 해보았다. 한정된 조건을 내세운 이유는 감당할 자신의 재능을 가늠하기 어려운데다가, 전공인 철학하기 한 가지나 충실히 하려는데 저해되지 않을까하는 우려에서였다.

일 년 지내고 난 뒤 우려는 기우에 지나지 않았다. 나 자신의 능력 부족만 눈 감는다면, 철학하는데 시가 저해는커녕 도움이 됨을 깨달았다. 겨우 시 쓰기의 '맛보기'에 지나지 않았지만, 그런대로 느낀 감회는 호기심을 넘어 현혹 차원의 매력에 이끌림이었다.

학문 탐구에서는 일정한 이론의 합리적 체계를 정합의 논리에 맞는 이성의 방법으로 발견한 '원리 또는 진리'로 해서 받는 '창조적 희열'이 있다. 이에 견주어 시 세계에는 매 순간 대상을 접하면서 '내 마음의 운전'에 따라 감지되는 '환희로 통할 창작의 열락'이 있음을 확인했다. 카다르시스에서 이어지는 엑스터시까지는 모르겠으나, 그 비슷한 경험은 할 수 있었다.

이래저래 언제까지일지 모르겠으나 나름의 투박한 솜씨로 자족감을 느낄 '시 쓰기', 실로 내 마음의 운전에 따라 '하-얀 쌀알'처럼 쏟아지는 '시 받기'를 자신의 '마음공부'삼아 앞으로도 계속 하려함이 나의 바람이다.

꿈 하나 더 있다. 이들 가운데서 나름의 시 형식에 얹은 정감이든지 작으나마 어떤 철학을 만에 하나라도 어느 누가 발견하고서, 행복해지거나 행복에 버금가는 감흥을 격조 높은 무게로 공감할 수 있다면, 이 사람은 더 바랄 게 없음이 그것이다.

끝으로 곁에서 늘 응원하고 격려해준 서연호 교수와 최상익·이상복·피정만 교수, 그리고 김재숙 시인에게 마음 깊이 감사한다. 인생의 보람을 도서출판에서 찾아온 벗 김유원 사장에게도 정중히 사의를 표한다.

2019년 3월 9일. 실상재에서
윤사순

차 례

🍃 앞 말

하나 기다림

01. 기다리는 마음 • *3*

02. 봄은 어디에 • *4*

03. 봄비 내리는 날 • *6*

04. 만남 • *7*

05. 동승(童僧) • *8*

06. 바둑이 • *9*

07. 소웃음 • *11*

08. 경포의 아침 • *12*

09. 달맞이 고개 • *13*

10. 나이 • *15*

11. 하늘과 노인 • *17*

두울 꿈

12. 꿈 • *21*
13. 게으른 친구 • *22*
14. 소바위 • *23*
15. 이사하는 마음 • *24*
16. 폭염속의 돈각(頓覺) • *26*
17. 노승 • *27*
18. 동반자 • *28*
19. 해후(邂逅) • *29*
20. 연(蓮) 1 • *31*
21. 거울 • *33*
22. 산행 • *35*
23. 가는 곳 어딜까 • *36*
24. 꿈의 형이상학 • *37*

세엣 선비

25. 선비 士 • *41*
26. 산천재(山天齋)에 들려 • *42*
27. 노량해협에서 • *44*
28. 성곽(城郭) • *45*

29. 절친 • *46*

30. 기 얘기 • *48*

31. 탈 • *50*

32. 바위섬 • *51*

33. 골목길 • *52*

34. 흔들려온 날들 • *54*

35. 유묵(遺墨) • *56*

네엣 그리움

36. 그리움 • *59*

37. 홍시(紅柿) • *60*

38. 추억 • *61*

39. 기우(杞憂) • *62*

30. 가을 정경 • *63*

41. 하늘 자국 • *64*

42. 아침 호수 • *65*

43. 새벽 풍경 • *66*

44. 꽃살이 • *67*

45. 갈대꽃 • *68*

46. 별 • *69*

47. 그림자 • *71*

48. 백두산 • *73*

다섯 향기

49. 한란(寒蘭) • 77
50. 눈사람 • 79
51. 불태운 세월 • 80
52. 병상의 친우에게 • 81
53. 꽃질 • 82
54. 무안(無顔) • 83
55. 세한(歲寒) • 84
56. 밤의 장막 • 85
57. 독거노인 • 86
58. 3·1 운동 • 88
59. 동계패럴림픽 • 90
60. 만시지탄(晩時之嘆) • 92
61. 눈을 맞으며 • 93

🍃 뒷말 • 95

기다리는 마음

기다리는 봄
오다 말고
시린 바람 속에서
얼었나

해와 달 구름에 가리우듯
눈사람에 얽힌 정이
오는 봄의 걸림돌인가

눈부신 백설에 빠진
사연 지닌 채
화사한 봄꽃 기다리는
두 마음

묵은 정
새 바램
그 가운데 어느 하나
내려놓으라 하면
어쩔까

비움(虛)을
인생살이 디딤돌 삼았던
노자(老子)
아니고야

2017년 2월 22일

봄은 어디에

개구리 나온 지
언젠데

화려한 수라상처럼
차린 봄
왜 안 오나

환한 웃음 퍼지듯
밝은 햇살
아지랑이 되어
대지에 일렁이면

새봄
꽃피는 걸음으로
이 땅에
오게 마련인데...

계절 재촉
안달하는
내 버릇 미워

아예
꽁무니 빼고
어느새
달아났나?

2018년 3월 9일

봄비 내리는 날

창밖에서 봄비가
서성인다

대지의 잠 깨우는
봄비

적시는 빗물에
만발하는 꽃
돋아나는 새싹

내리는 물줄기 따라
흔들리며 자라 오르는
시루 속 콩나물들

속셈이야 어이 알랴만
화사하던 연분홍 지우고
영롱한 신록의 녹색 단장에
골몰하는 눈치다

2018년 4월 14일, 영광의 숙소에서

만남

울며 태어난 인생
웃으며 떠날 순 없나

우연한 만남에
헤어짐을
필연인 듯
말하지 말라

어둠 내릴 때
등불처럼 떠오른
달과 별 안고서
밤하늘 누비던
시간들

아 짧은 만남
긴 추억
보배로운
행운이었지

2018년 4월 1일

동승(童僧)

인형처럼
아리따운 여인상

꽃 되려다
사람 된 자태

잔잔한 미소 속에
가려진
또 하나의
사바세계

2018년 12월 14일

바둑이

정 넘치는 바둑이
손님 오면 짖기커녕
꼬리친다

바깥주인
눈길 한번 안 줘도
어느새 제 몸 맡기듯
기댄다

가끔은 그도
외로움을 느끼겠지

바깥주인은 외로움
홀로 삭이느라
아무 내색 않는
돌부처

바둑이는 밖에 나가
친구도 잘 사귄다

틈만 나면 주인 모르게
바람 쐬는 녀석

지금 시침 떼고
천연스레 앉았지만, 벌써
눈치껏 데이트하고 온
모양새다

2018년 4월 22일

소 웃음

꽃이 웃는다고
웃음이 꽃 될까

꽃 같은 이
울 때 있지만
웃을 때 많다

꽃인 양 웃는
웃음도 있더라

그 때엔
소가 웃는단다

소 웃길 줄도
아는 모양이더라

2019년 5월 19일

경포의 아침

동튼 지 한참
햇살 눈부신 아름으로
바다 한가운데 놓인다

금빛 물결로 빛나는 바다
화사한 조명의 웨딩홀보다 더한
황홀, 몽환으로 넘쳐
출렁인다

감당키 어려운 나그네

갈매기 떼 곁으로 옮기지만
그들 또한 시장끼 해결에
골몰하는 낌새

모래 밭 갓길의 해당화
꽃 진 자리에 열매 한창인데
보는 이가 없다

멀리
구름 없는 하늘가
실낱같은 초생달만
하얗게 졸고 있다

2018년 8월 14일

달맞이고개

오랜 만에 밤안개 타고
고갯길 올랐다

인적 드문 마루터
솔향기 은은한데
나그네 마음 허전하다

발아래 바다풍광
어둠에 묻히고
함께하던 길벗
세월의 썰물에 놓쳐선가

하늘 동녘에서 홀연
구름 제치는
생기 인다

전설 같은 빛으로
둥글게 떠오르는
푸짐한 달!

아 너
추억의 소녀
환히 웃던
그 얼굴이어라

2018년 4월 29일

*이 달맞이고개는 부산 해운대 옆 고개임.

나이

맛 있건 없건
가리지 않았다

먹으라는 권유 없었고
내 뜻과도
상관없이 먹었다

먹어도 배부르지 않아
자꾸 먹다보니
중독된 듯해
멋쩍어졌을 뿐

'나이'라는 거
흔해 빠졌지만
부르는 게 값이란다

셈 해야지
마음먹었지만
재촉 없어
이상했는데

누구 말로는
후회 없는
삶의 보람이
그 값이라 하더라

2018년 4월 4일

하늘과 노인

청명한 날씨와
한가한 시간이
호수가에 어울린다

호수 가득 메운
하늘 아래
멈춰선 노인

물에 뜬 자신
물끄러미 보다가
지팡이로 신호하듯
건드린다

금세 일그러진 얼굴
아프진 않다

일렁이는 물결
줄줄이 지는 주름
호수 주름잡던 하늘은
마냥 웃는 시늉이다

무심해 보이던
노인과 하늘
둘만의 세계에선
속내 꽤나 친숙한 사이인
모양이다

2018년 7월 8일, 춘천 의암호에서

꿈

꿈이라면

소나기 맞은 김에
홀랑 벗고
미역감다 옷 말리듯이

뱀과 매미
뽀송히
허물 갈아입듯이

온갖 때
말끔히
닦아낸 마음 갖는

그런 꿈을 꾼다

2018년 7월 7일

*이 시는 계간 『철학과 현실』, 118호, 철학문화연구소, 2018 가을호에 권두시로 게재되었음을 밝힌다.

게으른 친구

잠 깼으니 일어날 참
함께 잔 친구
더 누어있잔다

오늘 할 일 꼽았더니
날이야 내일도 모레도
허구 많단다

시장끼 때우려니
먹은 셈 치잔다

이러다간
배곯아 죽겠다

죽으면 더 편하니
다 산 셈 치잔다

아예 안 난 셈 친들
어떠냔다

어린 날
세 살 적부터
사귀어 온 친구다

2018년 5월 21일

소바위

코뚜레에 매인 소
겁먹은 순한 눈매 보며

매이지 않는 삶
다짐했지만

철든 뒤
걸친 것이라곤
걸림돌 같은
그물 사슬뿐

늙은 지금도
소와 꼭 같은 처지다

이러다간
동해 바라보며 님 기다리다
한 많은 선바위로 굳은
전설의 여인처럼

나도 하나의 바위
소바위로
될 것만 같다

2018년 5월 7일

이사하는 마음

여름 볕에
빌딩 숲 타들어간다
불타의 나라 아닌데
사막 같은 불구덩이다

아스팔트
할배의 장죽에서 나던
니코틴 내음
마구 풍긴다

도시의 험상궂은 모습에
못 볼 꼴 본 듯
당황한 노인

짜증내자니
먹은 나이 아깝고
참자니
인생이 괴롭다

고목된 느티나무
아람드리 푸짐한 녹음 아래
크막한 그늘

할배들 자리 깔고 눕던
바람몰이로
훌훌히 이사 한다

노인의 마음
고향 길로 접어든 지
이미 오래다

2018년 7월 5일

폭염속의 돈각(頓覺)

찜통이 못 따를 폭염
열사(熱沙) 넘나드는
낙타도 시들 판이다

대장간의 화덕
이글거리는 태양
누굴 어쩌려
이리 무섭게 달궈대나

아무 감각 없는 듯
벽 앞에 앉은 돌부처
눈감고 속절없이 참아내는
벽창호가 어디 있나

그렇다
느닷없이 번쩍인 번갯불에
올라탄 그 순간
억겁 관통하는
돈오돈각(頓悟頓覺)이여!

2018년 7월 23일, 내일 경주행 앞두고

노승(老僧)

봄날의 정감을
미풍에 소식처럼
보내던 여인

호기심에 찬
눈매
여름날의 호수였지

탐욕의 이기심
바닥까지 털어버린
빈 마음

그리움마저 태웠으니
무엇을 탓할까
누구인들 미워할까

반가사유상의
초탈한 노승
비구니

2018년 12월 23일
*세모에 자민의 안부는...

동반자

단 한차례 주어진
여로에서
운명처럼 만난
사람

나의 자가용을
흔쾌히 타준
귀빈

때론 보조로
대리운전자로
고락을 함께 한
동반자

생애 최고의 행운
최상의 기쁨
단하나의 진객
길벗이여

2018년 11월 25일

해후(邂逅)

백발다이
점잖은 노신사
차림 없이
곱살한 노숙녀

60년 만의 해후

세월의 자국만큼
반기는 두 사람

그리움에 스러진
옛 모습
안타까이 찾으면서도

치레만은
'젊은 날 그대로네'
합창하는
첫사랑들

팔 팔 숫자 잊고
얼굴 가득한 환희 속에
붉어진 눈시울
감추지만

맑은 하늘 뒤로
떨어지는 방울들

2018년 11월 17일

연(蓮) 1

진흙탕 마다 않는
연(蓮)

훤칠한 키
초연한 자태

우아한 꽃
홍련 백련 두 색깔이면
호사 사양한 셈

송이마다
흐드러지게 크막한 건
삿갓만한 잎과의 어울림
감안한 듯

아기 볼 윤기의 봉오리
꽃송이 되곤
하늘 우러러 나래 펴고
활짝 웃는다만

잎새들은
구슬 같이 투명한
물방울 이고서
바람 타는 흔들림에
마음 조이누나

2018년 7월 24일, 자민과 경주 돌면서

거울

악한 사람 본래 없다지만
착한 일 한 적도 없다

눈치코치 봐야할 형편 아니고
도둑처럼 훔칠 인생살이도
아닌 채

앞길 보기 열중할 날에
곁눈질하며 살아온
얼굴이다

쾌락이야 애당초 불가능했고
구도자다운 수행 또한
엄두내지 못한 처지

생명줄 어느 덧
녹슨 낌새 알고부턴
생노병사의 굴레 운명임에
당황했지

어영부영
인생 막장에 들고는
함께 할 배역도 감독도
모두 잃은 터

인생의 후렴 같은 뒤풀이
바랄 수 없건만
거미줄 얽힌 빈 곳간 같은
거울을 오늘도
닦고 있다

2018년 6월 13일

산행

고향 같은 산촌
새벽바람에 얹힌 산새소리
멀리서 가늘다

어둠 헤치고 드러나는 산
초가 한 채
나직이 앉았다

대낮이면 닥쳐올
폭염 피해
냉천 찾는 나그네

산길 두고 숲 헤친 발걸음
태산준령 넘은 꼴이다

등성 넘어 쏜살처럼
달려온 바람 맞은
땀방울이
가슴 시린 냉천이거늘

2018년 8월 1일, 오대산의 한 모롱이에서

가는 곳 어딜까

눈 내리는 날
나도 눈 된다면
어느 산에 내리게 될까

비오는 날
비로 된다면
흐르는 강물로
바다까지 갈 수 있을까

바람 부는 날
바람 된다면 나
보이지 않는 허공에서
어디로 갈까

가는 곳 어딜까

2018년 7월 16일

꿈의 형이상학

영원이 무한의 특성이면
일시는 유한의 특성일 터
일시의 유한과 영원의 무한은
양립불능의 상반관계

이분법 논리
뛰어넘을 수 없을까?

일시가 영원을 꿈꾸듯
유한자는 무한자를 꿈꾸지 않는가
꿈은 허상일지언정, 꿈꾸는 힘은
허상 아닌 실상
생명력이라

꿈의 힘, 그러고 보면
일시의 유한과 영원의 무한
매개하는 통로?

통로에 기댄다면
유한한 인간은 일시의 생존에서
무한한 영원의 실상을 맛보니...

일시적 생존 자체가
무한한 영원자 맛보기이자
영존(永存)의 길 걸어보기라

두 세계의 경계 허물어져
유한자와 무한자 어울린 꿈에서
하나의 세계 이루네

2019년 1월 13일

세엣

선비

선비 士

가위 눌려 잠 깬 밤

산중에서 낯모를
노인 만났다

머리와 수염이 하얀
신선 풍
지나치려는데

"짐을 몹시 무거워하는 꼴이구나"

걸음 멈추자

"원래 사지와 몸통의 힘 다 빼면서
머리를 한껏 더 푸는 게
선비 士자니라"

귀 담으려니
이미 멀리 사라져
음성만 맴도는 허공이었다

2019년 1월 26일, 梅泉 黃玹 선생의 절명시를 회억하면서

산천재(山天齋)에 들려

천왕봉 마주한 산천재
남명 선비의 넋 밴 자리엔
오백여 풍상 지켜온
매화나무 한 그루
맺힌 열매 아낌없이 떨구고 있구나

가신님의 일생도
벼슬 같은 명예를
먼지 털 듯
털어낸 생애였지

천석들이 쇠북종 치듯
저 두류산 허리 잡고 홀로
뒤흔들던 기백

의기 발양으로
만인의 존숭 받은 초유의
산림처사

아, 뙤약볕 마른하늘에서
빗물 떨어지듯
아무도 흉내낼 수 없는 모습으로
이승 다녀간 큰 선비
두류의 정기련가

2018년 5월 31일

노량해협에서

우람한 거북선들
불 뿜으며 포효하던
남해 노량바다

열두 거북으로
이백 여 왜선 침몰시킨
충무공의 손바닥 같은
안마당

귀한 목숨 주저 없이 맡긴
젊은 영혼들과 함께
영웅도 장렬히 순국한
역사 숨 쉬는 곳

나라 지키느라
목숨 다 하던 순간에도
죽음 알리지 말라 한
지금도 살아있어야 할
장군!

저 출렁이는 푸른 물결
그 날, 그 장군을
기억할까

2018년 6월 30일, 두 딸들과 남해 궁펜션에서

성곽(城郭)

노송 사이로
뜨문뜨문 눈에 띠는 성곽
육백 년 역사의 민낯

서울의 방패
북풍엔 화살막이로
남풍엔 탄환막이로

겪어온
풍상만큼이나
숱한 상처 입은 너

무너질지언정
입 다물고 있는 무게로
조선시대 병사 가슴에서 녹슨
훈장이여

2018년 6월 10일

절친

모나지 않은 사람
둥글둥글
원만하기로 이름났지

둥글지만 늘 마음엔
구심력 같은 중심을
잡고 있어

누구와도 다 화해로이
지내지만
패거리론
결코 되지 않지*

외로움 떨치고
모든 사람들을
한 태에서 태어난 형제로
만물을 자기 몸으로 여기며*
호연의 기상 넘치는 그

의협심 강한 선비여서 사귄
친구였는데
어느덧 나의
우상으로 되어가는 사람이지

2018년 8월 4일

*孔子가 말한 '和而不同'을 가리킨다
*張載의 '民吾同胞 物吾與也'를 빌렸다. 단 物吾與也를 物我一體의 의미로
 편의상 강화했다.

기(氣) 얘기

기막히면

어안이 벙벙
말을 못하지만
소는 웃는다

기죽으면

소는 뒷걸음치며
오줌 싸지만
사람이라면 죽은 목숨
산 시체다

기 펴기
기 돌리기

소 못하는 걸
사람만이 해
죽은 목숨도
살려낸다

기 가운데
의기(義氣)가
그런 거다

2018년 11월 20일

탈

먹이사슬 세계에선
아닌 척
'척의 탈' 써야
살아남지만

의(義)로운
삶의 세계에선
투명한 유리라야 해

진실 덮는
'거짓 탈' 쓰면
깡그리
망가지게 마련!

2019년 4월 10일

바위섬

찬바람 스치는 날
눈보라 그리듯

번잡한 역 풀랫폼에 서면
타야 할 기차 이미
떠나지 않았나
가슴 조인다

지난날의 퇴색한
영상들 떠오를 땐
주름에 스며든 세월
헤면서

성난 파도
용케 헤쳐 온
황량한 바닷가를
헤맨다

차라리 그 바다 한 가운데
홀로 버티고 있는
새까만 바위섬이길
바란다

2019년 1월 5일

골목길

어스레한 어둠이 골목길
채울 때

손바닥 만한 가게
문턱에 옹가종기
팔 다리 걷어 제친 사람들
앉는다

구멍마다 불 뿜는 연탄
석쇠 위 삼겹살
닭 밥통과 함께
오그라들면

탄내, 피어나는 연기 속으로
사라질 겨를 없이
막걸리와 소주잔 타고 나오는
매콤한 고음의 열변들
검은 숲 이룬다

어제 혼술로 취하던 사람
오늘 벗들과 한 판

크게 벌이는
잔칫날

취기 어린 삶의 소리들
전봇대 높이로 키재기 하듯
목청 돋운 올곧은 소리들
여름밤 골목을
가득 메운다

2018년 6월 20일, 성북천변 철학자의 길 걸으며

흔들려온 날들

다리 흔들리기 전에 할
관광이라지만

어린 날 이후
흔들리는 다리로 산
망구의 노인 예 있다

벌레 먹혀 피지 못한 채
견뎌온 꽃봉오리

무얼 잘못해 겪는 고통인가
물리현상을 도덕의 자로 재던
자학의 날들!

혹서 혹한만 별난 자취로 남아
씻기지 않는 아픈 기억이지만
슬픔 넘은 기쁨도 맛본
오색관광이었다

벌레들로 구멍 난 상처 딛고
한사코 견뎌낸 생명력만도
기적 같은 축복이려니
뉘에게라도 감사할
요행이려니

2019년 1월 24일

유묵(遺墨)

명필에 얹은 명화
명화에 녹아든 명필

먹물에서 묻어난
고요 속의 그윽함
폭풍 지나간 여운이

한적한 풍치
유연한 멋
고매한 인격의
아취이련가

웅휘(雄揮)한
뇌성벽력
숨죽일
고졸(古拙)이라니

초연히
속세 떠난
신선의 세계라

2018년 3월 31일, 김용직교수의 유묵을 대하고

넷

그리움

그리움

겨울 가뭄 심해지니
호롱불 들고 하얀 눈길 밟던
기억 새롭다

새벽 잠 달아나자
세상걱정 도맡아 하던
시인 만난다

찬바람 외풍에
이불 얼굴까지 뒤덮고
두더지 된다

늘 죄인이라 자책하던
탱자나무 집 친구가
더욱 더
그리워진다

2019년 1월 23일

홍시(紅柿)

끝없이 올라간 하늘
그 높이만큼 한 점 구름 없는
푸른 바탕에 주렁주렁
홍시들 떴다

자식 자랑하듯
가지마다 욕심껏 맺은 것들로
관절의 고통 무던히 견뎌내던
고향 집 뒷마당
감나무

눈길 따라
젖힌 고개의 아픔 참을 때
먹고 싶으면 올라오라
손짓하던 빨간 아기곶감

까치밥 되느니
내 편 되어주던
추억 속의 여린 옛 친구
벌거숭이 홍시

2018년 9월 21일

추억

시계바늘 뒤로 돌리듯
세월을 뒤로
물리던 날

추억으로 가는 길
홀로 거닌다

오가는 사람들
번잡스레 만난다만

오도 가도 못하는 이들
우왕좌왕하는 그들
거기 내가 끼었을 줄이야!

하얗게 된 추억
웃고 운 기억밖에

2018년 9월 28일

기우(杞憂)

친구 하나
늘 걱정에 쌓여 있다
노파심보다 더한 편

하늘 무너질 듯
땅 꺼질 듯
심한 기우에 빠진다

진지함 넘치는 사람
세상걱정 도맡은 모양새

그의 삶 자체가 늘
괘효(卦爻)의 꼴풀이
암호해독 방식이다

저러다간
그의 말마따나
철학자라도 될 거 같다

2018년 4월 18일

가을 정경

소슬바람 일자
햇 단풍 설악에
선녀 되어
내렸다

실컷 배부르듯
단풍 겨워하던
학인들

세월 따라 높이 떠가는
구름 사이로
단풍 닮은 무지개
그려보는 참

불현듯 날아든
기러기 떼

멀리 서산 너머로
남의 눈길
줄 지어 앗아 가누나

2018년 10월 17일, 최상익 피덕만 이상복 교수와

하늘 자국

구름 거두다 만 하늘
한두 점 더 지우면
잠자는 파란 호수

거기 어느새 높이 나타나
길게 인 줄무늬
하-얀 하늘 자국

새끼구름

어제 밤 뭇 별과 어울려
소리 없이 흐른
은하 자국인가

어린 날
달나라 찾아가던 기차놀이
지금 누가 날면서 해본
자국인가

2019년 1월 29일

아침 호수

새벽 비 그치자
감싸오는 안개
늦가을의 탄내 퍼진다

먹구름 뭉개듯
햇살 나올 기미 없지만
어둠만은 겨우 걷히는 셈

맞이할 사람 없이 나선
걸음 따라 숲길 내주는
나직한 동산
갈잎 단풍으로
부잣집 곳간인데

강물에 빗물까지
넉넉히 담아 안은
발아래 호수
잔잔한 물결로
새날 맞을 숨고르기에
여념 없다

2018년 11월 9일, 진양호수가에서

새벽 풍경

어인 변덕인가

엊그제 열대야로
잠 못 이루던 밤

어머니의 정성어린 홑이불
헌신처럼 차버리던
발길

한 점 바람
처서의 계절풍 맞고선

다정한 연인의 감촉 찾듯
조용히 더듬어 끌어안는
새벽녘 손길

2018년 8월 26일

꽃살이

피는 꽃
지게 될 줄
모르 듯

지는 꽃
달리 필 줄
몰랐네

2018년 11월 20일

갈대꽃

갈대꽃 하-얗게
나부낄 때
가을은 저 만큼 물러섰다

둘이서 걷던 길
이젠 혼자 걷는 언덕

노-란 들국화도
비탈 스치는 바람결에 차갑다

까칠한 갈대꽃
첫 눈처럼 흩날리는
저녁

2018년 11월 18일

별

별들의 잔치
어지러울 만큼
눈부시다

별똥 떨어지는 줄기
줄기마다 밤의 전설
엮는데

별인 양 반짝이는
반딧불
서늘한 바람 타고
떠돈다

짝꿍과 노닐던 밤에도
맴 돌더니

아 하늘의 별들
저들도 저만의 운명
타고 나는가

임자 잃은 별
칠흑의 바다
옛 그 자리 지키며

떠난 이의 등대인 듯
한 점 빛으로
반짝이고 있으니

2018년 8월 12일

그림자

바람결에 날려 왔다가
바람처럼 사라지는
하루살이가
그림자 달 엄두 낼까

살짝 취한 술기운에는
넘어갈 어수룩함 아니라면
슬픔 모르는 소녀의 풋사랑에
이별의 그늘 띄운 그림잔
뉘 짓이었나

차가운 가슴 스쳐간 그림자들
오히려 빛 되어
온기 잇고 맥박 조율해
내일을 바라보게 함은
기적처럼 피어나는
운명이려니

꺼져가는 등불에 기름 부어 주듯
살에는 추위 속에서
묵은지 꺼내 아들에게 끓여주던

노모의 흔들리던 손, 그
앙상한 그림자는 정녕
어디로 갔나

2018년 11월 4일

백두산

맑은 정기 천지연 이고
구름자락 낮추 듯
하늘 높이 치솟은
동방의 명산
하얀 봉우리 백두

청청한 기백 생명의 줄기들
장발처럼 드리우고
만주벌과 한반도를
한 아름으로 안아 온
겨레의 모태 백두

유구한 역사에 얽힌 시련
극복토록 해오 듯
겨레의 밝은 내일
영원히 비쳐 갈
아 광명의 원천 백두여!

2018년 10월 8일, 백두산 바라보면서

다섯

향기

한란(寒蘭)

입동 추위
머리맡에 와 닿은 날

흰 눈발 아직이라선가
가을 보낸 아쉬움에
스산함마저 곁지기로
머문다

찬서리 스쳐온
떼바람 소리
북녘 겨울나라 소식이거니

세한도 한 갈피에서나
피어날 한란(寒蘭)의
은은한 향기

어쩌다
엄동 이겨낸 이력으로
산사의 고즈넉한
뒷방 찾아와

침묵 속의 미소로
소리 없이
맴도나

2018년 11월 24일, 강릉 경포대의 숙소에서

눈사람

엊저녁
고단함에
깜빡한 사이

노인의 나이만큼
많은 눈이
하-얗게 쌓였다

꽃신부처럼 차린 누리에
눈팔던 그
어린 날의 눈사람
그린다

손 발 어는 줄 모르고
또래들과 함께
부산하게 만들던

미남 아니어도
모습은 분명 사람이어야 해
애써 눈덩이 굴려 올리던
장승 같이 커다란
눈사람

2018년 12월 12일, 음력 생일에

불태운 세월

촛불 장난하다
오줌 쌀 뻔 했고
쥐불 놓다 바지 태우던
머슴애

철 들자
세월의 밭갈이로
시간을 분초까지
조상 모시듯 아꼈고

두 발론 모자라
네 발 굴리면서
날 새도록 세빠지게
자신을 불태웠건만

쌓아올린 노적봉
빛나야 할 금자탑
흔적 없이 어디 갔나

무지개 지던 날
서산 너머로
저만 먼저
훌쩍 했단 말인가?

2018년 7월 12일 벗, 김유원 사장과 함께 하면서

병상의 친우에게

흘러가는 세월의 꼬리에
쇳덩이 매어 달 듯

줄기차게 달려온 인생살이를
빨강 신호 하나로
정지시킨
죽음의 전령 병마가
웬 거냐

긴 씨름 하는 너
투우의 기개와 용기로
바위 무게 공기 돌 굴리듯
힘차고 끈질기게 밀어 엎어라

천지 진동시킬
응원의 갈채 보낸다
펄펄 끓는 열정에서 솟구치는
함성 목메도록 외쳐주마

병상 털고 우뚝 서는 날
정녕 널, 승리의 인간
나의 영웅 나의 사랑으로
한껏 안아주리라

2018년 8월 19일

꽃질

갑질 횡행하는 세상
야만의 밀림

공생하는 지혜로
합리적 정의 구현해야
인간다운 인간 세계 이룰 터

벌 나비
꿀 빨아내고도
열매 될 꽃술 배합시켜놓듯

꽃을 꽃으로 피어나게 할 때
인간의 본성 아름다움으로
빛나리라

갑질 그만
꽃길 걷는 꽃질을!

2019년 1월 27일

무안(無顔)

높은 자리 차지할 자들마다
면목(面目) 없단다
무안(無顔) 이란다

감쪽같이 숨겨진 허수아비들
허수아비는 곡식지기나 되지만
면목 없는 무안들은
투명인간 범죄자들

무안한 짓엔
복면(覆面) 따르건만
그조차 안 한 저들은
인간이길 저버린 해악들이다

아, 부끄러움 깨닫는 양심회복
양심의 의로운 발양
화급한 인간성 복원이여

2018년 12월 15일

세한(歲寒)

흩날리는 눈보라보다
투명한 하늘이 오히려
혹한의 전조

나목 된 감나무 끝
까치밥 홍시
제 색깔 잃고
언 지 이미 오래

삭풍, 어느덧
적폐 같은 한파 되어
살 에니

마주 할 세한

한계령 깃대봉이나 견딜
그 만큼 시린
인고의 세월이려니

2018년 12월 18일

밤의 장막

해넘이 무렵
솜털구름 사이로
빛바랜 노인의 안색 같은
노을자락이 머뭇거린다

해와 달
어느 하나도 없는
하늘

빛의 보장 없음은
칠흑의 조짐
날짐승 두더지로 잠든 들녘에
검정 멧돼지떼 준동할 듯

암흑이 공포되어 내린들
어찌하랴
동트는 새벽이면
끝장 날
하루 밤 장막에 그칠 것을

2018년 10월 26일, 강릉발 청량리행 열차에서

독거노인

뜻대로 살아본 기억
없다는 그녀

자녀 짝지어 둥지 틀어주고
함께 하던 이
먼데 보낸 지 오래

남겨진 재산이라곤
목록 없이 쌓인
나이테뿐이라지만

화사한 봄내 나고
싱그런 청록 우거진 녹음
출렁이면

시들던 맥박
버들가지에 금물 오르듯
활기차더니

어이해 지금은
자신마저 잃은 채

망각의 암흑세계로
유폐되어 가는가

2018년 3월 13일

3·1 운동

역사가 정지되던 날
하늘 무너져
놀라움에 곤두박질쳤지

손발 묶인 채
살아오던 터전
몽땅 빼앗겼고

기 막혀
넋과 얼
곤죽 된 꼴이었지

넋과 얼 끓어오르면
불길 같은 노여움
뿜는 법

태극 깃발 휘날리며
포성처럼 포효하는 함성으로
천지를 진동시켰지

적의 탄환으론 결코 뚫지 못할
기백과 기운이 포탄 되어
도둑의 흑심, 아귀 심보를
때려 부셨지

대한독립만세!
하늘을 다시 열고
태양처럼 빛나는
눈부신 광채 맞았지

2019년 1월 22일

선비(士)

동계 패럴림픽

추위 뚫는 놀이판
뛰고 달리고
부딪고 돌아치고 박치고
힘겨워도 신난다
신명 올랐다

넘쳐나는 젊음
무서울 거 없는 패기
설원 누빈다
빙판 가른다

태양 같은 정열의 불길
눈 감고, 귀 막았어도
팔 다리 하나쯤 잃었어도
맹호로 포효한다
하늘 나는 비호다

바람 잡는 노력으로
벌이는 잔치
암흑의 터널, 인고의
세월 태우고 빛나게 된
별들의 춤판이다

번개 타는
영웅들이 펼치는
신화의 세계다

2018년 3월 19일, 평창 패럴림픽 마치고

선비 (士)

만시지탄(晚時之歎)

없어지면 큰일 날듯 여긴
사람들 서적들
다 보낸 지금
남은 거 더 있을까

'자만심 경계'
어린 날 은사님이 주신 말씀
일생일대의 규범으로 지켜왔던가

'하나뿐인 목숨'
젊은 날 연인에게 담보하고는
운명의 벽에 막혀 주저앉아 눈 감은
상처 이상의 양심불량죄
지워질까

'인생엔 되풀이 할 여분 없음'
내겐 있는 듯 믿어온 착각
이제야 뉘우치는
만시지탄!

2019년 1월 28일

눈을 맞으며

함박눈이다
산마다 붉게 태우던 단풍을
자취 없게 한 너

고즈넉한 밤길
말없이 걷는 연인들처럼
가벼운 몸매로
오누나

화환 걸어 보내듯
여유로이 가을 밀쳐낸
네 깃발이
연약해 보인
하-얀 색일 줄이야

봄맞이 꿈꾸며
궂은 흔적 지우는
네 깔끔한 성품이
살 에는 삭풍과 한 짝임도
미처 몰랐구나

소녀의 청초한 살결 같은 네가
달밤의 환한 박꽃 색깔로
온 세상 조용히
잠재운다면
난들 네 뜻
어이 거역하랴

2019년 1월 6일

뒷말

필자는 동양철학 특히 한국철학의 개척에 종사한 사람이다. 반세기 이상의 생애를 그 일에 바쳤다. 그러느라 시(詩)에 대해서는 일찍이 호기심은 지니고 있었으나 '짝 사랑'에 그쳐야 했다. 자신의 능력 부족도 눈여겨 볼 엄두를 내지 못한 원인이다.

늘 마음 한 구석에 묻어놓고 지내던 시의 매력은 세월이 갈수록 더해졌다. 시 쓰기로 향한 충동, 그 욕구가 고개를 들 때마다 자신의 다독임 또한 지지 않았다. "감히 넘보지 마라!" "이제까지 하던 철학이나 제대로 하자!"였다.

강단 철학자로 해야 하는 작업은 '창작의 자유로운 공간'보다 의무로 짊머진 중량이 더했다. 교재 종류 지향의 연구가 여가 맛 볼 수 있는 여지를 주지 않았다. 시간을 한 없이 쏟아야 하는 일임에도 그것이 안겨주는 희열은 지루함 뒤에 아주 느리게 오는 것이었다.

70을 넘기면서 '한국유학 부분의 저술'을 꽤 이루게 되자, 마음속 긴장이 모르는 사이에 풀어지기 시작했다. 그에 더해 "옛 선현들은 거의 다 시 쓰기를 '자기 공부에 이용'하지 않았던가?" 시를 통해 '마음 다듬기' 한 사실이 떠올랐다. 철학에 시를 이용하던 방법(文以載道)이 그 하나 아니었나? 해서 한시(漢詩) 배우기에 눈 돌리는 틈을 짬짬이 가졌다.

그렁저렁 80을 넘기고 계획한 저서들을 거의 마무리 할 즈음, 필자는 '시에 대한 절제'의 고삐를 스스로 풀었다. 단 일 년 동안만이라도 그 능력을 시험해보는 결단, 한시적 시험(限時的 試驗)임을 못 박고 내린 조치였다. 일을 저질렀고 그 실수처럼 저질은 것은 마침내 필자의 『길벗』으로 나왔다. 바로 지난해의 일이다.

의외의 문제가 일었다. 시험 삼아 밟아본 시 쓰기의 길은 마치 '깊이모를 늪'이어서 발을 좀처럼 뺄 수 없었다. 멋은 모르겠으나 그만큼 맛있는 분야로 여겨졌다. 그 맛은 결코 철학공부 또는 수양의 보조역이나 할 것이 아닌 '특유의 매혹적 묘미'라 판단된 것이었다. '시험 삼은 시 쓰기'의 기간을 연장하다가 오늘에 이르렀다. 그 일 년 치를 다시 모은 결과가 이 『선비』이다.

❧ ❧ ❧

모르고 하는 말이지만, "시란 두드러진 정서 어린 사유를 되도록 일정한 음률까지 곁들여 공유하려 쓴 글"이라는 게 필자의 소견이다. 이를 되뇌는 까닭은 이 책에 실은 글들 또한 이 사유의 틀을 앞세우고 썼기 때문이다. 여기에 실린 것 중 잘 되고 못 되고의 원인마저 재능 이외엔 어느 만큼 이 사유에 말미암았다. 필자는 이 사유의 테두리 안에서나마 '시의 맛'을 느꼈음을 밝히고 싶다.

인간의 삶 전반에 걸친 문제를 대상으로 다루는 성격, 문제 해결로 고민하는 양상, 그 해결을 통해 '궁극의 행복'을 추구하는 목적 등 시의 특성은 철학의 성격과 다르지 않았다.

그로 해서 내가 여전히 전공을 버리지 않고 있다는 위안에 쌓이게 한 맛이었다. 시에도 작품 속에 일정한 이성적 논리와 합리적 체계가 설정되어 숨 쉬듯 작용함도 마찬가지 맛이었다. 철학보다 그것들이 엄격하지 않아 목적보다 방법에 얽매일 가능성조차 낮아, 오히려 자유로운 느낌이 좋았다. 문제 자체의 선별에서부터 나름의 결론적 사유에 이르기까지 '사살상의 이론화 작업'에 구사되는 상상력 은유력 발휘의 노력은 뇌 활동의 범위 확장 같은 재미의 맛으로 통했다.

시 쓰기에 이용되는 사고 작용 가운데 '언어의 개념화 범주화'에서 철학이 낮추 보는 '느낌세계인 감각들'이 낼 착시 착오를 즉각 극복하고 이루는 직감(直感)과 직관(直觀)의 방법은 학문에서 보기 드문 것이다. 더욱이 그 직감과 직관을 통해 얻어내는 '진실 파악(眞實把握)의 경험'이야말로 시 특유의 '묘미(妙味)'였다. 철학이 생명처럼 여기는 진리(眞理) 탐구 또한 결코 외면하지 않지만, 그 진리 탐구 이전에 올바른 실상의 사태부터 밝혀야 한다는 이론이 성립하는 한, 번개 같은 직관으로 이루는 '진실 파악의 세계'를 그 누가 평가절하 하랴!

시가 학문이기를 사양하고 예술(藝術)임을 역설하는 이유가 여기에 있다. 진실이 '착함(善)과 아름다움(美)'을 생명처럼 여기는 것이 다름 아닌 시임도 놓칠 수 없다. 시를 예술로 승화시키는 열쇠가 시에 담은 아름다움에 있음을 떠올리면, 그것을 창작 형식을 통해 내 것으로 하거나 세상에 밝혀내는 기술 아닌 기교가 시 쓰기의 또 하나의 묘미였다. 학문의 연구가 발명 발견이라는 결실로 맺는 희열을 안긴다면, 그에 견줄 창조적 희열이 시의 창작에도 많음에야! 공자가 도(道, 학문)와 덕(德, 수양) 및 인(仁, 사랑)의 개념을 넘어 "예(藝)에서 노니기(游於藝)"를 끝판으로 여긴 사실을 이 대목에서 떠올리게 된다. 예(藝)의 미묘한 감촉이 시세계에 마음속 깊이 반하게 한 가장 큰 원인이었다고 하면 과장된 고백일까?

 미세먼지가 숨 막히게 하고 로봇이 인간 이상으로 군림해 가는 어지럽고 각박한 세상에서 여백을 아취로 남기는 동양화의 여유 같은 '여운(餘韻)'을 시가 풍기는 점은 '맛' 이상의 '멋'이 아닐 수 없다. 우리 시의 맛에 빠진 나머지 '어울리지 않는 멋'까지 부린 꼴이 되었다.

※ ※ ※

 봄, 여름, 가을, 겨울 형식의 네 계절에 기대어 분류한 지난 『길벗』과 달리, 여기 『선비』의 내용은 「기다림」, 「꿈」, 「선비」, 「그리움」, 「향기」로 가름했다. 특별한 잣대 있어서가 아니다. 쓰인 계절의 차례와 함께 글에 담긴 의미를 약간 감안한 가름이다.

 어떤 「기다림」이던 그것은 채우고 싶은 욕구 작용의 하나 아닌가? 채우려면 먼저 '비움'이 앞서야 한다. 비움을 앞세우는 실천, 그것이 필자에겐 늘 쉬운 일이 아니었다.

"…./ 눈부신 백설에 빠진 / 사연 지닌 채 / 화사한 봄꽃 기다리는 / 두 마음 / 묵은 정 / 새 바램 / 그 가운데 어느 하나 / 내려놓으라 하면 / 어쩔까 / 비움(虛)을 / 인생살이 디딤돌 삼았던 / 노자(老子) / 아니고서야" (「기다리는 마음」)

필자의 기다림에는 늘 '빨리 빨리'라는 안달이 따르는 버릇이 있다. 수양부족, 마음공부가 덜 된 탓이다. 「봄은 어디에」가 그 점을 드러낸 것이다. 아무튼 기다리다 보면 봄비 내리고 그 빗물에 꽃 피고 새 싹 돋는 계절의 변화가 함께 오게 마련. 새 기운이 돋아날 미래로 이어지는 희망, 부풀어 오르는 꿈을 꾸게 마련 아닌가?

"… / 대지의 잠 깨우는 / 봄비 / 적시는 빗물에 / 만발하는 꽃 / 돋아나는 새싹 / 내리는 물줄기 따라 / 흔들리며 자라 오르는 / 시루 속 콩나물들 / 속셈이야 어이 알랴만 / 화사하던 연분홍 지우고 벌써 / 영롱한 신록 단장에 / 골몰하는 눈치다" (「봄비 내리는 날」)

기다리다가 채워지는 것에는 뜨거운 사랑을 주고받는 사람과의 '만남'을 들어야 할 것이다. 만남이야말로 한 수 읊게 되는 인생살이의 한 사항이다.

"울며 태어난 인생 / 웃으며 떠날 순 없나 / 우연한 만남에 / 헤어짐을 / 필연인 듯 / 말하지 말라 / 어둠 내릴 때 / 등불처럼 떠오른 / 달과 별 안고서 / 밤하늘 누비던 / 시간들 / 아 짧은 만남 / 긴 추억 / 보배로운 / 행운이었지" (「만남」)

살다 보면 만남은 반드시 사람 사이에서만 있는 것 아니다. 동물과 사람의 만남도 적지 않다. 반려동물 중 '애완견'은 하나의 대표적 대상이다.

"정 넘치는 바둑이 / … / 가끔은 그도 / 외로움을 느끼겠지 / 바깥주인은 외로움 / 홀로 삭이느라 / 아무 내색 않는 / 돌부처 / 바둑이는 밖에 나가 / 친구도 잘 사귄다 / 틈만 나면 주인 모르게 / 바람 쐬는 녀석 / 지금 시침 떼고 / 천연스레 앉았지만, 벌써 / 눈치껏 데이트하고 온 / 모양새다" (「바둑이」)

"꽃이 웃는다고 / 웃음이 꽃 될까 / 꽃 같은 이 / 울 때 있지만 / 웃을 때 많다 / 꽃인 양 웃는 / 웃음도 있더라 / 그 때엔 소가 웃는단다 / 소 웃길 줄도 / 아는 모양이더라" (「소 웃음」)

누군들 안 그럴까만 더러 찬란한 경관을 만날 기회가 있다. 필자는 볼일로 강릉 갈 때가 잦다. 그럴 경우 '경포(鏡浦)'에서 묵기를 좋아한다. 나를 압도하는 황홀한 경관과 초속한 청신함 속의 고요를 맛볼 수 있어서다.

"동튼 지 이미 오래 / 햇살 한 아름 / 바다 한가운데에 놓인다 / 금빛 줄기로 빛나는 바다 / 화사한 조명의 웨딩홀보다 더한 / 황홀, 몽환으로 넘쳐 / 출렁인다 / 감당키 어려운 나그네 / 갈매기 떼 곁으로 옮기지만 / 그들 또한 시장끼 해결에 / 골몰하는 낌새 / 모래 밭 갓 길의 해당화 / 꽃 진 자리에 열매 한창인데 / 보는 이가 없다 / 멀리 / 구름 없는 하늘가 / 실낱같은 초생달만 / 하얗게 졸고 있다" (「경포의 아침」)

가끔 부산에도 간다. 6.25 전쟁 때 석 달 동안 피난한 추억이 자리했고, 특히 달맞이고개에는 함께 동행해준 집사람의 그림자가 서려서다.

"…. / 인적 드문 마루터 / 솔향기 은은한데 / 나그네 마음 허전하다 / …… / 하늘 동녘에서 홀연 / 구름 제치는 / 생기 인다 / 전설 같은 빛으로 / 둥글게 떠오르는 / 푸짐한 달! / 아 너 / 추억의 소녀 / 환히 웃던 / 그 얼굴이어라"
(「달맞이고개」)

덧없다는 세월 따라 나이 먹었고. 그러다 보니 달력을 참 많이 넘겼다. 어찌 넘긴 것이 달력뿐일까만, 이제는 '노인' 소리에 익숙해진 것이 필자의 실정이다.

"맛 있건 없건 / 가리지 않았다 / 먹으라는 권유 없었고 / 내 뜻과도 / 상관없이 먹었다 / 먹어도 배부르지 않아 / 자꾸 먹다보니 / 중독된 듯해 / 멋쩍어졌을 뿐 / '나이'라는 거 / 흔해 빠졌지만 / 부르는 게 값이란다 / 셈 해야지 / 마음먹었지만 / 재촉 없어 이상했는데 / 누구 말로는 / 후회 없는 / 삶의 보람이 / 그 값이라 하더라" (「나이」)

부산이나 경포보다 더 자주 가는 곳, 필자의 단골 휴식처는 춘천이다. 시인 묵객 학자들을 만날 수 있고, 서울 인근 '호반의 도시'가 주는 아늑함이 그 매력이다. 자연과 조용히 교감할 장소들이 풍부한 곳이어서 이끌리게 된다.

"청명한 날씨와 / 한가한 시간이 / 호수가에 / 어울린다 / 호수 가득 메운 / 하늘 아래 / 멈춰선 노인 / 물에 뜬 자신 / 물끄러미 보다가 / 지팡이로 신호하듯 / 건드린다 / 금세 일그러진 얼굴 / 아프진 않다 / 일렁이는 물결 / 줄줄이 지는 주름 / 호수 주름잡던 하늘은 / 마냥 웃는 시늉이다 / 무심해 보이던 / 노인과 하늘 / 둘만의 세계에선 / 속내 꽤나 친숙한 사이인 / 모양이다"(「하늘과 노인」)

누구나 꾸어가며 품고 있는 것이 꿈 아닐까? 꿈이라는 어휘, '바람'의 별칭일 때 더 좋아하게 된다. 마음 한구석에서 은연중 희망으로 작용하는 것이 꿈이다. 나이 잊고 '시 쓰기 짓'을 하는 까닭도 꿈 탓이다.

"꿈이라면 / 소나기 맞은 김에 / 홀랑 벗고 / 미역 감다 옷 말리듯이 / 뱀과 매미 / 뽀송히 / 허물 갈아입듯이 / 온갖 때 / 말끔히 / 닦아낸 마음 갖는 / 그런 꿈을 꾼다"(「꿈」)

필자가 그리는 꿈의 세계는 결코 거창한 무엇이 아니다. 질박한 마음씨를 지닌 소시민으로 가족과 단란하고, 이웃과 화해롭게 어울리면서, 나를 키워준 사회와 국가에 조금이라도 보답하며 무탈하게 사는 정도에 지나지 않는다.

말은 쉬우나 그것이 좀처럼 안 된다. 안 되는 데에는 나의 「게으름」이 한 몫 하지만, 보이지 않는 갖가지 그물 같은 것들도 한 몫 한다. 어린 날부터 이 나이까지 지녀온 '게으름', 그 '나쁜 버릇'과 함께 각종 규제 성격의 '그물'이나 '사슬' 또한 게으름 못지 않는 걸림돌이다.

"잠 깼으니 일어날 참 / 함께 잔 친구 / 더 누어있잖다 / 오늘 할 일 꼽았더니 / 날이야 내일도 모레도 / 허구 많단다 / 시장 끼 때우려니 / 먹은 셈 치잖다 / 이러다간 / 배곯아 죽겠다 / 죽으면 더 편하니 / 다 산 셈 치잔다 / 아예 안 태어난 셈 친들 / 어떠냔다 / 어린 날 / 세 살 적부터 / 사귀어 온 친구다" (「게으른 친구」)

"코뚜레에 매인 소 / 겁먹은 듯 / 순한 눈매 보며 / 매이지 않는 삶 / 다짐했지만 / 철든 뒤 / 몸에 걸친 것이라곤 / 걸림돌 같은 / 그물 사슬 뿐 / 늙은 지금도 / 소와 꼭 같은 처지다 / 이러다간 / 동해 바라보며 님 기다리다 / 한 많은 선바위로 굳은 / 전설의 여인처럼 / 나도 하나의 바위 / 소바위로 / 될 것만 같다" (「소바위」)

여기에 폭염까지 닥치면 실제의 고난은 더욱 고역으로 밀려오게 마련. 여린 민초들은 「이사하는 마음」으로 정 붙일 데를 찾겠지만, 싯다르타라면 해탈의 길을 찾아들겠지?

"찜통이 못 따를 폭염 / 열사(熱沙) 넘나드는 / 낙타도 시들 판이다 / ...... / 그렇다 / 느닷없이 번쩍인 번갯불에 / 올라 탄 그 순간 / 억겁 관통하는 / 돈오돈각(頓悟頓覺)이여!" (「폭염속의 돈각(頓覺)」)

현실이 고생으로 느껴질수록 먼저 떠난 「동반자」를 그리고 꿈에서라도 「해후(邂逅)」의 그림에 젖는 이도 있으리라. 남이야 다 산 인생인 듯 취급해도 자신은 꿈으로 해서 연(蓮)도 감상하고 「거울」을 보는 것이 인간의 본능 아닐지? 인생의 '덧없음'에 땀 비 오듯 흘리며 한적한 '산길 밟'으면서 '가는 곳 어딘지' 덧없음을 음미하는 이도 있겠고.

"단 한차례 주어진 / 여로에서 / 운명처럼 만난 / 사람 / 나의 자가용을 / 흔쾌히 타준 / 귀빈 / 때론 보조로 / 대리운전자로 / 고락을 함께 한 / 동반자 / 생애 최고의 행운 / 최상의 기쁨 / 단하나의 진객 / 길벗이여" (「동반자」)

"백발다이 / 점잖은 노신사 / 차림 없이 / 곱살한 노숙녀 / 60년 만의 해후 / …. / 팔팔 숫자 잊고 / 얼굴 가득한 환희 속에 / 붉어진 눈시울 / 감추지만 / 맑은 하늘 뒤로 / 떨어지는 방울들" (「해후(邂逅)」)

"눈 내리는 날 / 나도 눈 된다면 / 어느 산에 내리게 될까 / 비오는 날 / 비로 된다면 / 흐르는 강물로 / 바다까지 갈 수 있을까 / 바람 부는 날 / 바람 된다면 나 / 보이지 않는 허공에서 / 어디로 갈까 / 가는 곳 어딜까" (「가는 곳 어딜까」)

이래저래 어느 학인은 자신의 방황한 족적을 상기하면서 아예 그 길을 더 깊이 파고든 「꿈의 형이상학」까지 구상하는 모습을 보인다.

🌱 🌱 🌱

선비(士人)의 인간상에 눈길을 돌리자. 선비는 일찍이 필자의 젊은 시절부터 매료되어온 인간이다. 성숙한 인격을 지녔을 뿐 아니라 도덕적 실천성까지 몸소 보이는 '행동하는 지성인'으로 일종의 의인상(義人像)이 선비의 모습이다. 이 나라의 역사를 이끌어오는데 의행(義行)으로 '선비'보다 더 기여한 인간상을 찾을 수 없지 않은가? 학인이라면 선비 말고 어떤 인간을 그리겠나.

"가위 눌려 잠 깬 밤 / 산중에서 낯모를 / 노인 만났다 / 머리와 수염이 하얀 / 신선 풍 / 지나치려는데 / "짐을 몹시 무거워하는 꼴이구나" / 걸음을 멈추자 / "원래 사지와 몸통의 힘 다 빼면서 / 머리를 한껏 더 푸는 게 / 선비 士자니라" / 귀 담으려니 / 이미 멀리 사라져 / 음성만 맴도는 허공이었다" (「선비 士」)

선비를 한 둘이라도 구체적으로 든다면? 필자가 떠올린 선비는 남명(南溟, 曺植)과 충무공(忠武公, 李舜臣)이다. 지리산 아래 산청 덕천서원(德川書院) 찾던 날, 그리고 남해 노량해협을 찾던 길에서였다.

".... / 가신 님의 일생도 / 벼슬 같은 명예를 / 먼지 털 듯 / 털어낸 생애였지 / 천석들이 쇠북종 치듯 / 저 두류산 허리 잡고 홀로 / 뒤흔들던 기백 / 의기 발양으로 / 만인의 존숭 받은 초유의 / 산림처사 / ....." (「산천재(山天齋)에 들려」)

"... / 열두 거북으로 / 이백 여 왜선 침몰시킨 / 충무공의 손바닥 같은 / 안마당 / 귀한 목숨 주저 없이 맡긴 / 젊은 영혼들과 함께 / 영웅도 장렬히 순국한 / 역사 숨 쉬는 곳 / 나라 지키느라 / 목숨 다 하던 순간에도 / 죽음 알리지 말라던 / 자금도 살아있어야 할 / 장군! / ...." (「노량해협에서」)

바다를 누빈 열혈들 외에 육지에서 목숨을 바쳐 나라 지킨 사실(史實)은 가까운 행주산성, 그리고 필자는 더 가까운 서울 성북동에서 매일 만난다.

"노송 사이로 / 뜨문뜨문 눈에 띄는 성곽 / 육백년 역사의 민낯 / 서울의 방패 / 북풍엔 화살막이로 / 남풍엔 탄환막이로 / 겪어온 / 풍상만큼이나 / 숱한 상흔 입은 너 / 무너져 내릴지언정 / 입 다물고 있는 무게로 / 조선시대 병사의 가슴에서 녹슨 / 훈장이여" (「성곽(城郭)」)

선비는 아무래도 유학에서 바람직하게 여긴 인간상이다. 오늘날은 그런 이를 만나기가 매우 드물게 되었으니, 그와 연관된 작품이나 찾아보자. 「절친」도 그런 종류의 하나지만 번잡을 피해 그냥 넘기겠다. 차라리 「기(氣)얘기」, 「바위섬」, 「골목길」을 읊자.

"기막히면 / 어안이 벙벙 / 말을 못하지만 / 소는 웃는다 / 기죽으면 / 소는 뒷걸음치며 / 오줌 싸지만 / 사람이라면 죽은 목숨 / 산 시체다 / 기 펴기 / 기 돌리기 / 소 못하는 걸 / 사람만이 해 / 죽은 목숨도 / 살려낸다 / 기 가운데 / 의기(義氣)가 / 그런 거다" (「기(氣)얘기」)

"찬바람 스치는 날 / 눈보라 그리 듯 / 번잡한 역 풀랫폼에 서면 / 타야 할 기차 이미 / 떠나지 않았나 / 가슴 조인다 / 지나간 날의 퇴색한 / 영상들 떠오를 땐 / 주름에 스며든 세월 / 헤면서 / 성난 파도 / 용케 헤쳐 온 / 황량한 바닷가를 / 헤맨다 / 차라리 그 바다 한 가운데 / 홀로 버티고 있는 / 새까만 바위섬이길 / 바란다"(「바위섬」)

"어스레한 어둠이 골목길 / 채울 때 / 손바닥 만한 가게 / 문턱에 옹가종기 / 팔 다리 걷어 제친 사람들 / 앉는다 / 구멍마다 불 뿜는 연탄 / 석쇠 위 삼겹살 / 닭 밥통과 함께 / 오그라들면 / 탄내, 피어나는 연기 속으로 / 사라질 겨를 없이 / 막걸리와 소주잔 타고 나오는 / 매콤한 고음의 열변들 / 검은 숲 이룬다 / 어제 혼술로 취하던 사람 / 오늘 벗들과 한 판 / 크게 벌이는 / 잔칫날 / 취기 어린 삶의 소리들 / 전봇대 높이로 키 재기 하듯 / 목청 돋운 올곧은 소리들 / 여름밤 골목을 / 가득 메운다" (「골목길」)

선비는 나라가 위태로우면 칼을 붓 삼아 의병장(義兵將)으로 목숨 바치길 주저하지 않는다. 그러다가 나라가 안정되면, 향긋한 국화처럼 서실(書室) 지키며 청아한 아취(雅趣)를 풍기는 조용한 독서인(讀書人), 하나의 '서생(書生)'으로 돌아갈 따름이다. 이렇듯 돌고 도는, 아니 반전(反轉)에 반전을 능란하게 구사하는 인간이 선비다. 아래 「유묵(遺墨)」은 선비가 아니고는 결코 흉내 내지 못하는 그 '특유의 한 모습'이다.

"명필에 얹은 명화 / 명화에 녹아든 명필 / 먹물에서 묻어난 / 고요 속의 그윽함 / 폭풍 지나간 여운이 / 한적한 풍치 / 유연한 멋 / 고매한 인격의 / 아취련가 / .... / 웅휘(雄揮)한 / 뇌성벽력 / 숨죽일 / 고졸(古拙)이라니 / 초연히 / 속세 떠난 / 신선의 세계라" (「유묵(遺墨)」)

❧ ❧ ❧

사노라면 경험이 쌓이고 그 경험에서 추억꺼리가 생긴다. 외롭고 쓸쓸할 때 추억 중의 정든 대상은 '그리운 무엇'으로

뜬다. 그것은 사람일 경우가 많지만 반드시 그렇지도 않다. 정을 준 것 받은 것 모두일 수 있다. 그런 것들이 하나의 풍경화처럼 떠올라 시로 읊어지는 그리움의 세계가 있다.

"겨울 가뭄 심해지니 / 호롱불 들고 하얀 눈 길 밟던 / 기억 새롭다 / 새벽 잠 안 들자 / 세상걱정 도맡아 하던 / 시인 만난다 / 찬바람 외풍에 / 이불 얼굴까지 뒤 덮고 / 두더지 된다 / 늘 죄인이라 자책하던 / 탱자나무 집 친구가 / 더욱 더 / 그리워진다" (「그리움」)

"끝없이 올라간 하늘 / 그 높이만큼 한 점 구름 없는 / 푸른 바탕에 주렁주렁 / 홍시들 떴다 / 자식 자랑하듯 / 가지마다 욕심껏 맺은 것들로 / 관절의 고통 무던히 견뎌내던 / 고향 집 뒷마당 / 감나무 / 눈길 따라 / 젖힌 고개의 아픔 참을 때 / 먹고 싶으면 올라오라 / 손짓하던 빨간 아기곶감 / 까치밥 되느니 / 내 편 되어주던 / 추억 속의 여린 옛 친구 / 벌거숭이 홍시" (「홍시(紅柿)」)

그러고 보니 필자에겐 추억다운 추억이 없다. 돈 안 드리고 거저먹는 '나이'만 먹은 셈이다. 참으로 소가 웃을 노릇이다.

"시계바늘 뒤로 돌리듯 / 세월 뒤로 / 물리던 날 / 추억으로 가는 길 / 홀로 거닌다 / 오가는 사람들 / 번잡스레 만난다만 / 오도 가도 못하는 이들 / 우왕좌왕하는 그들 / 거기 내가 낄 줄이야! / 하얗게 된 추억 / 웃고 운 기억밖에" (「추억」)

필자도 나름의 생각과 감정을 지녔다. 살면서 남처럼 「기우」

같은 걱정도 해보았다. 개인날 궂은날 상관없이 필자를 자가용에 태우고 강원도를 누빈 후배교수들로 해서 써진 시가 있다. 그들은 필자에게 '하나의 촛불 되기'를 기대하는 눈치지만 얼마나 보답하게 될지? 내게 부담 줄 정도는 아니어서 다행이다. 「가을 정경」은 그들로 해서 그려본 일기 같은 글이다.

"소슬바람 일자 / 햇 단풍 / 설악에 선녀 되어 / 내렸다 / 실컷 배부르듯 / 단풍 겨워하던 / 학인들 / 세월 따라 높이 떠가는 / 구름 사이로 / 단풍 닮은 무지개 / 그려보는 참 / 불현듯 날아든 / 기러기 떼 / 멀리 서산 너머로 / 남의 눈길 / 줄 지어 앗아 가누나" (「가을 정경」)

혼자 다니는 여로에서는 낯 설은 길손들도 만나고, 평범하지만 심상치 않은 의미로 읽히는 정경 「아침 호수」에도 취한다. 외로움이 밤하늘을 뒤적이다 나누는 「별」과의 대화 또한 그리움의 색깔을 띈다.

"별들의 잔치 / 어지러울 만큼 / 눈부시다 / 별똥 떨어지는 줄기 / 줄기마다 밤의 전설 엮는데 / ...... / 아 하늘의 별들 / 저들도 저만의 운명 / 타고 나는가 / 임자 잃은 별 / 칠흑의 바다 / 옛 그 자리 지키며 / 떠난 이의 등대인 듯 / 한 점 빛으로 / 반짝이고 있으니" (「별」)

❦ ❦ ❦

책의 끝 대목은 인생의 겨울에 해당하는 글들이 대부분이다. 살아온 자취를 돌아보면서 떠오른 생각, 겨울철에나 맛보는 일들이 준 정감의 파편들을 모았다. '향기'라는 이름은 「한란」에서 느끼는 감흥을 이용한 표현이다.

"입동 추위 / 머리맡에 와 닿은 날 / 흰 눈발 아직이라선가 / 가을 보낸 아쉬움에 / 스산함마저 곁지기로 / 머문다 / 찬 서리 스쳐온 / 떼 바람 소리 / 북녘 겨울나라 소식이거니 / 세한도 한 갈피에서나 / 피어날 한란(寒蘭)의 / 은은한 향기 / 어쩌다 / 엄동 이겨낸 이력으로 / 산사의 고즈넉한 / 뒷방 찾아와 / 침묵 속의 미소로 / 소리 없이 / 맴도나" (「한란(寒蘭)」)

노인도 추억 속에서는 어린이로 된다. 즐거웠던 추억일수록 그렇다. 겨울 혹한인들 무슨 상관이랴? 썰매 타고 쥐불 놓고 눈사람 만들고. 어린 날의 순박함이라니...

"...... / 손 발 어는 줄 모르고 / 또래들과 함께 / 부산하게 만들던 / 미남 아니어도 / 모습은 분명 사람이어야 해 / 애써 눈덩이 굴려 올리던 / 장승 같이 커다란 / 눈사람" (「눈사람」)

노년에 들면서 눈감을 수 없다고 여겨지는 큰 현상으로는 뜻밖에 당하는 생활고와 병고이다. 그런 실례가 「불태운 세월」과 「병상의 친우에게」이다. 진실 순박하기 짝이 없는 벗들의 고초야말로 마음 아프게 하는 불행이다.

순박함을 이들처럼 간직한 사람과 달리 언제 어느 결에 오염되었는지 모를 사람도 적지 않아 슬픔을 삼키게 된다. 나라 망칠 양심불량마저 판치는 현황은 실망과 슬픔 이상의 참담한 사태이다. 화려한 학력과 경력을 자랑하며 청문회에 선 인간들 중에서 흔하게 발견되는 군상이 그것이다.

"높은 자리 차지할 자들마다 / 면목(面目) 없단다 / 무안(無顔)이란다 / 감쪽같이 숨겨진 허수아비들 / 허수아빈 곡식지기나 되지만 / 면목 없는 무안들은 / 투명인간 범법자들 / 무안의 짓엔 / 복면(覆面) 따르건만 / 그조차 안 한 저들은 / 인간이길 저버린 해악들이다 / 아, 부끄럼 깨닫는 양심회복 / 양심의 굳센 발양 / 화급한 인간성 복원이여" (「무안(無顔)」)

이런 현실에서 누구인들 「세한(歲寒)」을 예상치 않을까! 필자만의 기우가 아닐 것이다. 사철을 사실상 '세한의 고난'에 떨며 외로이 목숨 다해가는 이들이 점증하고 있는 현실 아닌가? 면목 없다는 무안(無顔)이 활개 치는 한, 우리의 미래는 「밤의 장막」 속처럼 암울할 따름이다.

"흩날리는 눈보라보다 / 투명한 하늘이 오히려 / 혹한의 전조 / 나목 된 감나무 끝 / 까치밥 홍시 / 제 색깔 잃고 / 언지 이미 오래 / 삭풍, 어느덧 / 적폐 같은 한파 되어 / 살 에니 / 마주 할 세한 / 한계령 깃대봉이나 견딜 / 그 만큼 시린 / 인고의 세월이려니" (「세한(歲寒)」)

"... / 해와 달 / 어느 하나도 없는 / 하늘 / 빛의 보장 없음은 / 칠흑의 조짐 / 날짐승 두더지로 잠든 들녘에 / 검정 멧돼지떼 준동할 듯 / 암흑이 공포 되어 내린들 / 어찌하랴 /

동 트는 새벽이면 / 끝장 날 / 하루 밤 장막에 그칠 것을"
(「밤의 장막」)

여기에 우리의 바로 이웃이 '독거노인'의 신세로 속절없이 고독과 짝한 죽음을 맞고 있는 사실도 참담한 현실의 실상이다.(노숙자들의 경우 『길벗』에서 언급했음) 이것이 핵가족화의 장수시대라는 현대가 맞는 암울한 모습이다. 효(孝)개념 부재의 상황에서 사회보장으로도 다 메꿔지지 않는 비극들을 어이 할까? 핵가족화의 원자적 파편 같은 이 '인간 낙엽들'을!

"… / 남겨진 재산이라곤 / 목록 없이 쌓인 / 나이테뿐이라지만 / 화사한 봄내 나고 / 싱그런 청록 우거진 녹음 / 출렁이면 / 시들던 맥박 / 버들가지에 금물 오르듯 / 활기차더니 / 어이해 지금은 / 자신마저 잃은 채 / 망각의 암흑 속으로만 / 유폐되어 가는가" (「독거노인」)

그러나 우리에겐 기대할 젊음이 있고, 그 젊은이들에게는 용기와 지혜와 패기가 넘치지 않는가? 눈으로 보고 귀로 들어오던 명백한 증거를 들어보겠다.

"역사가 정지되던 날 / 하늘 무너져 / 놀라움에 곤두박질 쳤지 / …. / 넋과 얼 끓어오르면 / 불길 같은 노여움 / 뿜는 법…. / 적의 탄환으론 결코 뚫지 못할 / 기백과 기운이 포탄되어 / 도둑의 흑심, 아귀 심보를 / 때려 부셨지 / 대한독립 만세! / 하늘을 다시 열고 / 태양처럼 빛나는 / 눈부신 광채 맞았지" (「3·1 운동」)

"추위 뚫는 놀이판 / 뛰고 달리고 / 부딪고 돌아치고 박치고 / 힘겨워도 신난다 / 신명 올랐다 / …… / 바람 잡는 노력으로 / 벌이는 잔치 / 암흑의 터널, 인고의 / 세월 태우고 빛나게 된 / 별들의 춤판이다 / 번개 타는 / 영웅들이 펼치는 / 신화의 세계다" (「동계 패럴림픽」)

젊음을 더욱 키워 마음껏 피어나게 해주는 데 우리는 더 힘써야 겠다. 그들의 어깨에 우리의 내일이 있음을 알아야한다. 아울러 각자 자신의 삶의 태도부터 성찰함이 무엇보다 중요하다. 필자처럼 나이테가 많은 사람이 더 그래야 할 것이다. 나름으로 자신을 돌아본다면. 회한에 찬 자괴감 그나마 너무 '늦었다는 탄식'이 나올 뿐이다.

"없어지면 큰일 날듯 여긴 / 사람들 서적들 다 보낸 지금 / 남은 거 더 있을까 / '자만심 경계' / 어린 날 은사님이 주신 말씀 / 일생일대의 규범으로 지켜왔던가 / '하나뿐인 목숨' / 젊은 날 연인에게 담보하고는 / 운명의 벽에 막혀 주저앉아 눈 감은 / 상처 이상의 양심 불량죄 / 지워질까 / '인생엔 되풀이 할 여분 없음' / 내겐 있는 듯 믿어온 착각 / 이제야 뉘우치는 / 만시지탄!" (「만시지탄(晩時之嘆)」)

이렇듯 우물쭈물 하다보면 비가 오건 바람이 불건 눈이라도 내리면 비켜가야 할 것은 애써 비켜가려 하겠지만, 맞아야 하거나 운명처럼 맞지 않을 수 없는 것이야 또 어찌 하겠나? 넘지 못할 고개, 앞을 가로막는 장벽들이 세상에는 허구 많은 것을!

"함박눈이다 / 산마다 붉게 태우던 단풍 / 자취 없게 한 너 / 고즈넉한 밤길 / 말없이 걷는 연인들처럼 / 가벼운 몸매로 / 오누나 / 화환 걸어 보내듯 / 여유로이 가을 밀쳐낸 / 네 깃발이 / 연약해 보인 / 하얀 색일 줄이야 / 봄맞이 꿈꾸며 / 궂은 흔적 지우는 / 네 깔끔한 성품이 / 살 에는 삭풍과 한 짝임도 / 미처 몰랐구나 / 소녀의 청초한 살결 같은 네가 / 달밤의 환한 박꽃 색깔로 / 온 세상 조용히 / 잠재운다면 / 난들 네 뜻 / 어이 거역하랴"(「눈을 맞으며」)

우주 자연은 우리 인간이 태어나는 모태이자 그리로 돌아가는 고향이다. 옛 선현들이 인간과 자연을 다 '같은 하나', '물아일체(物我一體)' 또는 '천인합일(天人合一)'로 표현하고 주장한 사상적 근거가 이에 있다. 그야말로 '자연 친화' 사상이 따로 없다. 빙하가 하염없이 녹아내려 북극곰이 없어져 가고, 우리의 쓰레기가 태평양을 더럽히며, 미세먼지가 숨통을 조이는 오늘임을 어찌 성찰하지 않을 수 있겠나.

2019년 3월 말
- 지은이

윤사순 (尹絲淳)

- 1936년 출생
- 고려대학교 철학과 및 동대학원 졸업(철학박사).
- 고려대학교 철학과 교수
- 한국공자학회장, 한국동양철학회장, 한국철학회장, 국제유교연합회(북경 소재) 부회장 역임
- 현 고려대학교 명예교수, 중국사회과학원 명예교수, 중국 곡부사범대학 객원교수, 대한민국학술원 회원, 율곡연구원 이사장

저서 《퇴계철학의 연구》(국문, 영문판)
《한국유학논구》(국문, 중문판)
《한국유학사》(국문, 중문판)
《한국의 유학사상》(국문, 영문판)
《한국의 성리학과 실학》, 《한국유학사상론》
《신실학 사상론》, 《조선시대 성리학의 연구》, 《조선, 도덕의 성찰》,
《동양사상과 한국사상》, 《유학의 현대적 가용성 탐구》, 《실학의 철학적 특성》,
《유학자의 성찰》, 《우리사상 100년》(공저), 시집 《길벗》 등.

역서 《퇴계선집》, 《석담일기》.

편서 《자료와 해설, 한국의 철학사상》(국문, 영문판)
《한국의 사상》, 《사단칠정론》, 《인성물성론》,
《도설로 보는 한국유학》, 《실학의 철학》,
《조선유학의 자연철학》, 《신실학의 탐구》 등.

논문 "퇴계의 가치관에 관한 연구"(박사학위논문)를 비롯하여 약 2백편.

선비 士

인쇄	2019년 5월 5일
발행	2019년 5월 10일
발행인	김유원, 황경숙
발행처	유림플러스 (유림문화사)
등록	제8-15호 (1970.8.16)
주소	(02837) 서울시 성북구 선잠로 3길 1-6
전화	02-747-8447 **팩스** 02-766-8449
휴대전화	010-5336-4542
전자우편	uwk65@hanmail.net
편집·인쇄	한림원(주) http://www.hanrimwon.com

ISBN • 978-89-7053-425-1 [03810] ₩10,000

이 도서의 국립중앙도서관 출판예정도서목록(CIP)은 서지정보유통지원시스템 홈페이지(http://seoji.nl.go.kr)와 국가자료종합목록시스템(http://www.nl.go.kr/kolisnet)에서 이용하실 수 있습니다.(CIP제어번호 : CIP2019016354)

* 이 책의 무단 전재 또는 복제를 금합니다.